Kasereka Nguomoja Charmant

CHANTS D'AZUR

Kasereka Nguomoja Charmant

CHANTS D'AZUR

Poésie

Éditions Muse

Imprint
Any brand names and product names mentioned in this book are subject to trademark, brand or patent protection and are trademarks or registered trademarks of their respective holders. The use of brand names, product names, common names, trade names, product descriptions etc. even without a particular marking in this work is in no way to be construed to mean that such names may be regarded as unrestricted in respect of trademark and brand protection legislation and could thus be used by anyone.

Cover image: www.ingimage.com

Publisher:
Éditions Muse
is a trademark of
Dodo Books Indian Ocean Ltd. and OmniScriptum S.R.L publishing group

120 High Road, East Finchley, London, N2 9ED, United Kingdom
Str. Armeneasca 28/1, office 1, Chisinau MD-2012, Republic of Moldova, Europe
Printed at: see last page
ISBN: 978-620-4-97197-1

Kasereka Nguomoja Charmant

CHANTS D'AZUR

Poésie

PRÉAMBULE

On impose la paix non seulement par le feu, mais aussi par le mouillage d'encre sur papier. Je vois dans mes rêves poétiques une sorte de fleuve qui inonde mon pays. Ce fleuve dont sa source est dans un point de la poussière, coule de l'Est vers le centre. Il ravageant non sans égal et les habitants et leurs biens matériels. Moi, assis sur un mirador, je tente de jetter un regard ensorcelé dans l'intimité de ce fleuve.

Je dénonce par mes vers un plan machiavélique d'un bébé contre sa mère, du troupeau contre son berger, d'un portier contre son patron, de la vigne contre le vigneron, du poisson contre l'eau, ... Je dénonce le majeur conducteur du naufrage de la mort dans la terrasse qui mène chez moi. Ce conducteur-là, qui se passe pour mon fils montre son air arrogant envers ma personne .

J'ouvre la porte des horizons étoilés dans l'azur, d'une paradisiaque image du royaume céleste. Le ciel bleu me couvre le cerveau, inonde mes rêves et mes passions que je partage avec vous, mes frères. Je projette un avenir radieux ; je saisis l'aurore de l'horizon que j'arrose dans mon pays. La paix-même chantée dans mes vers , qui, dès que je dors un peu gratte de l'oncle à ma porte, m'avertit.

Dans mes chants de sacrifice, j'éleve les arômes d'encens vers le ciel où règne les hommes qui ont été remarquable par un patriotisme sévère. Je loue les apports des illustres, qui, par leurs images rayonnantes ensoleillent d'azur . Je parfume de gloire, les pas de ceux qui s'initient à la consolidation de la paix dans leurs métiers-même. J'enselle mon cheval qui me mène vers la capitale de la paix.

Sur le fleuve Congo flottant les eaux sanglantes . Autrefois elles flottent parceque d'abord les Maritimes se désengagent , ensuite parce que le fleuve, lui-même meurt silencieux. Ce pourquoi ces chants rouges et d'ombres vous porteront dans le ciel des esprits combattants.

La lecture de ce florilège emportera vos âmes et esprits vers la situation de guerres imposées par les seigneurs belliqueux du M23 et ADF, qui agitent la quiétude de la population R.D.Congolaise. Je dénonce tambour battant le vrai massacreur de l'Est de la R.D.C. Tous les Congolais voire les non Congolais ont intérêt de lire cet ouvrage de chants rouges; il vous revivra la guerre préoccupante dans le pays.

Charmant Nguomoja

1.ÉCLAT D'UN SILENCE ÉLOQUENT

I

Au fond des paroles, l'on empale son rôle;
Le cœur tranche silencieusement ses délires.
Il y avait une pathologie de l'agir
D'où les pétales se retiraient de corolles.

Parce que si l'on porte leurs idées au dos,
La vie ne se fait qu'avaler par ses hormones,
Les épines se plantent partout sur photo;
Tous les jours on verse le sang au pays morne.

Deux fois, s'il faut laisser l'esprit pieux galoper
Dans l'allure des aiguilles enveloppées,
Il faut sagement percer les faux-cœurs moppés.
Il faut dire: << je ne peux jamais louper !

<< Car lorsque l'âme marche sur des corrosion,
<< Toutefois, la terre s'enflamme des dérision.
<< Il faut élever l'âme à la neige en fusion,
<< Il faut passer le souffle sanglant aux rasions.

<< S'il faut corder les forces armées entre vous,
<< Alors il convient de libérer le Kivu,[1]
<< De tirer sa langue au feu ardent et mordant;
<< Et les mains innocents croqueront les mordants dents .>>

II

Peu importe la balle qui tombe à ta porte,
L'arme silencieuse est très forte qui remporte.
Détraqués furent ces généraux archaïques,
Qui, dès qu'ils gagnèrent, vomirent dans la lèque.

Et si quelqu'une de très bonne volonté
Devient après son journal d'aucune bonté,
Pour tous, la sueur sanglante assaisonne sa tête,
Et devient ennemie, sorcière malhonnête.

Sus à cette monotonie de Sergius,
Qui, au lieu de s'affronter, tombe et se repose.
Sus à la potomanie de Louis quatorze,
Qui, au lieu de vaincre, épouse sa maîtresse.

Ces paradoxes anciens rencontre au sentier
Les généraux des gloires qui vont s'affronter,
Qui avisent sur consumation au ventier,
Qui disent à l'ennemi: << nous viendront vous buter .>>

L'éloquence du silence a son puissant sens.
Si le colonel Mamadou à sa naissance
Livrerait un combat à son absence,
Le dictaphone ne tuerait pas sa présence .

III

Quand par vos ailes, vous volez en l'étranger
Pour pleurer et dénoncer une mise en sac
Vous exposez notre terre à plusieurs dangers
Taisez-vous, président ! On veut l'action de traque !

Quand vous arrosez la colère aux radios
L'ennemi chante sa gloire et reprend force
C'est assez ! L' armée a mal de vos audios
Le silence réprime par le feu féroce !

Lorsque toute la terre de la République
Deviendra désert sans aucun discours publique
Alors on verra des recettes coloniques
Parfumer dans l'azur, les cadences obliques[2]

---

[1]**Kivu** (prononcer Kivou) est une région et une ancienne province de l'Est de la république démocratique du Congo. Cette région fut connue au XIX e siècle ...

[2]**oblique** :adjectif et nom
1.Qui n'est pas perpendiculaire (à une ligne, à un plan) et, notamment, qui n'est ni vertical ni horizontal.Ligne oblique (ou (nom féminin) une oblique).
2.locution adverbiale
En obliquedans une direction oblique, en diagonale

2.FLORILÈGE D'AZUR[1]
Poèmes : Judas

I. Tu t'écrase aux pieds
Légers de ton image,
Au dessin du visage
Du soleil copié;
Tu enterre ta tête
Et ton mouton à laine
Par ta force et haleine,
Aux voisines binettes.

Ta poussée d'air tout noir
S'éloigne du fenoir;
Tu mamelle du sang
Lauré par l'air d'encens,
Tu tombe le muraille
Construite aux funérailles:
"Croix, fosse mortuaire",[2]
Manœuvres portuaires.

L'argent rend impolie,
Crée des mélancolies;
Il crucifia Jésus
Aux perfidies cousues
Par Judas et Pilate:
Le riz fend son folate,
Vole en la sécheresse
De chaires pécheresses.

Le chef rwandais nous ombre
Par son âme noir, sombre .
Judas l'escorte t-il ?
Fils de la terre utile,
Ouvre tes yeux pour voir
Ce plan flou, ton devoir.
Judas, Sors, lève toi !
La crasse est incourtoie.

II. Voyons cette folie :
Les voisines velies
Couvrent tes fils au lit.
La lumière pâlit;
Les chèvres se délient,
Se jettent dans l'oubli.
Moi, fils naïf, j'élis
Mon fief et l'empellit.

Pourquoi t'enfoles-tu ?
Les biens de la fortunes
Sont vanités, ils tuent.
Moi, j'entends la tribune:
Chasser le vent au ventre,
Promouvoir la jeunesse,
Ouvrir les voies au centre,
Embrasser la finesse.

CknSlam

---

[1]**azur** [azyʀ] nom masculin de couleur
(espagnol azul « bleu », de l'arabe, du persan → lapis-lazuli)
1. littér. Couleur bleue du ciel, des flots. — Le ciel, l'air. — La Côte d'Azur, de la Méditerranée, entre Menton et Toulon.
2. Verre coloré en bleu par l'oxyde de cobalt (dit aussi bleu d'azur, bleu de saxe).
3. Couleur bleue du blason.

.
[2]**mortuaire** [mɔʀtɥɛʀ] adjectif et nom féminin
(du latin, de mors → mort)
■ Relatif aux morts, aux cérémonies en leur honneur. funèbre, funéraire. Couronne mortuaire.
■ n. f. français de Belgique Maison dans laquelle un défunt est exposé.

[3]**judas** [ʒyda] nom masculin
(du n. de Judas l'Iscariote, hébreu Yhudah)
I. Personne qui trahit. fourbe, traître. C'est un Judas.
II. Petite ouverture pratiquée dans un plancher, un mur, une porte, pour épier sans être vu.

3.CAR TU AS CHOISI LE VOL ET LE VOL

Tu te baignes sans fin dans les espoirs
Sa face qu'on riole
Tes mains sont posées dans le dépotoir
Tu as choisi le vol

Aussi pire pour tes yeux aveuglés
Tu as bombé sa poche
Rêveur aux problèmes qui sont réglés
À son feu, tu t'accroches

Ram, Ram et sang comme si l'on les ole
Au Nord est Magellan
Chez lui reste le sang
Car tu as choisi le vol et le vole

---

[1]**dépotoir** [depɔtwaʀ] nom masculin
(de dépoter, d'abord « récipient pour mesurer les liquides »; influence de dépôt)
■ Lieu public où l'on dépose des ordures.   décharge. — fig., fam. Ce bureau est un dépotoir

4.À EDISON SILAS

Venez ! tournons la page du calendrier
Ce nouvel an va briser l'ombre indéfinie
Par quelques cierges dans certaines liturgies[1]
La page rouge va blanchir en janvier

Le temps des jours anciens que le peuple a vécu
S'envole dans l'histoire du nouveau venu
À travers ce bon nouveau blog d'amitié
S'échangent nos vœux festifs: paix, bonheur, santé, ...

Le grand temps pacifique de l'année festive
Et du joyeux lendemain plein de plaisirs
Trace un nouveau monde, un monde plein de rires
Et l'on dira: voici la fin des coups d'ogives [2]!

Venez ! Chantons la paix dans nos vers-mystères
Chassons cet ouragan, balayons la vie austère
Poussons les cris de joie, cette année est pour nous
Le ciel où les jaloux se mettrons à genoux

Chez-moi la paix s'est envolée depuis longtemps
Chez-toi la pauvreté, oui, galope par an
Les vols à main armée à Cotonou, chez-vous
Chez-moi l'arme sanglant porte à porte au Kivou

Quand nos vers diront: on sort dans ce monde-là !
Et ce nouvel an m'unira à toi, Silas
L'on verra éclater la flamme dans l'azur
L'année soleil, l'année lumière aux mots d'Arthur

---

liturgie [lityʀʒi] nom féminin
(du latin relig., du grec leitourgia, de leitos « public » et -ourgia → énergie)
■ relig. chrét. Culte public et officiel institué par une Église. cérémonial, culte, service (divin). La liturgie anglicane.

ogive [ɔʒiv] nom féminin
(p.-ê. d'origine arabe)
1. Arc diagonal sous une voûte gothique, qui en marque l'arête.
2. Arc brisé (opposé à arc en plein cintre).
3. Partie supérieure de projectiles oblongs (balles, obus…). Ogive nucléaire.

5.LA BATAILLE DES SIEGES

Encore le feu rallume
Anime la volupté dans le haut volume
Député réputé, rien ne va pour voter
À côté du mandat, l'avarice fait sauter

Ton désir ne vaincra pas
On veut t'acclamer et tu crois faire un pas
Élection, l'élection est cette eau qui emporte
Éternelle en ville, on ne sait qui remporte

Le vent tient la présidence
Pour ceci, le peuple se taille la prudence
Voter est la route de rotation intense
L'opposition s'envole, l'unique influence

Ce combat couvre le flow[1]
L'opposant influent, jette la ville au flot
Kisangani, Goma se parfument de lui
Lubumbashi façonné en monument, luit

Les plus légers s'éliminent,
Minent, ruminent les plus lourds qui s'illuminent
Populaire est l'actuel monsieur le Président
Plus populaire est l'opposant en gaz ardent

Quand l'un des ces deux se dresse
La bataille se répand au pays sans cesse
Les réseaux sociaux dégage d'odeur d'outrages
Toute la nation ouvre sa porte aux tapages

Comme un beurré papillon
Le peuple virevolte dans les clous des sillons
Le peuple porte son espoir vers le bon tri
Le peuple bande les yeux traîtres de patrie

---

[1]**flow** [flo] nom masculin
(mot anglais « flux »)
■ anglic. Débit, style de chant, dans le rap. Elle a un bon flow
. Trouver le flow, le style qui convient.

[2]**tri** [tʀi] nom masculin
■ Action de trier. triage. Le tri des lettres.

outrage [utʀaʒ] nom masculin
(de outre)
1. Offense ou injure extrêmement grave (de parole ou de fait). affront, insulte. — fig., littér. atteinte, dommage. « Pour réparer des ans l'irréparable outrage » (Racine).

6. LAUDATO SI'[1]

Ton regard
Souriant
Exaltant
Et Lazare
Et son art.

Ta parole
Auréole
L'émotion
Aux caroles
D'afflictions.

Louange à toi
Mon seigneur,
Gloire à toi
Ô vainqueur !

C'est très pire !
Je respire
Les toxines
Et épines
De Poutine.

Mais je sens
La victoire
Par le sang
De la gloire
Du Puissant.

_Louange à toi
Mon seigneur,
Gloire à toi
Ô vainqueur !_

---

[1] **Laudato si**' est la seconde encyclique du pape François. Ayant pour sous-titre « sur la sauvegarde de la maison commune », elle est consacrée aux questions environnementales et sociales, à l'écologie intégrale, et de façon générale à la sauvegarde de la Création

7. L'ENFER C'EST L'ABSENCE DES AUTRES

Je prends les ailes de l'aurore[1]
Je me pose dans le désert
Que le son des tourbillons dore
Par le désharmonieux concert

Le souffle au soir en moi s'épuise
Ma bouche toute silencieuse
S'envole dans le feu tranquille
Ma langue s'avère stérile

Non ! difficile à supporter
À porter le fardeau sourd-muet
Ni l'oiseau qu'on peut accoster
Ni le veau qui crie sous le fouet

L'enfer c'est l'absence des autres
Les pigeons gisent deux à deux
Dans le nid, deux à deux rédeux
La poussière contredit Sartre

Le huit clos aurait la rencontre
Qui nuance le commun des hommes
Pour pincer ma douleur môme
L'enfer c'est l'absence des autres

---

[1]**aurore** [ORɔR] nom féminin
(latin; mot religieux indo-européen)
1. Lueur brillante et rosée qui suit l'aube et précède le lever du soleil; moment où le soleil va se lever. Se lever à l'aurore, fam. aux aurores, très tôt. allusion « L'aurore aux doigts de rose » (trad. de Homère). « Cela s'appelle l'aurore » (Giraudoux; roman de Roblès, film de Buñuel).
2. fig. Aube, commencement. L'aurore des Temps modernes.
3. Aurore boréale, polaire ou australe : arc lumineux (jet d'électrons solaires) qui apparaît dans les régions polaires de l'atmosphère.

[2]**enfer** [ɑ̃fɛR] nom masculin
(vient du latin infernus, n. m., d'abord inferna, plur., de l'adj. infernus [→ infernal], de inferus → inférieur)I.1. relig. Lieu destiné au supplice des damnés. Les démons de l'enfer (infernal). — prov. L'enfer est pavé de bonnes intentions : beaucoup de bonnes résolutions n'aboutissent qu'à un résultat déplorable ou nul. — allus. « Ah ! quelle plaisanterie. Pas besoin de gril, l'enfer, c'est les Autres » (Sartre, Huis clos).

■ D'enfer loc. adj. : qui évoque l'enfer. Une vision d'enfer. — Très intense. infernal. Rouler à un train d'enfer, très vite. — fam. Extraordinaire, fabuleux. Elle a un look d'enfer.
2. fig. Lieu, occasion de cruelles souffrances. L'enfer de la drogue.
3. L'enfer d'une bibliothèque : le département, l'endroit où sont regroupés les livres interdits au public.II. Les Enfers : lieu souterrain habité par les morts, séjour des ombres, des morts (mythol. grecque, romaine et diverses religions). — fig. La perte de son emploi a marqué le début de sa descente aux enfers.

8. JE SUIS COMME VICTOR HUGO

Je me mirais dès mon enfance de ses œuvres
La lutte en faveur des gens opprimés et pauvres
Je suis cool dans ce pool , je suis rempli des mots
Avec la plume et la scène, je fais un pot

Arrête ! arrête ! tout reste entre nous
Les jaloux et les démons me tiendront au cou
Si j'avais mon dedans , je prendrais les étoiles
Arrête ! Arrête ! J'irais jusqu'à la moelle

Petit à petit je m'en vais
Je suis comme Victor Hugo
On m'attendais au tournoi facile du go
Désolé notre cathédrale me pressait

Je vais mon chemin au sanctuaire des illustres
Ma méthode et art se fondent au pied balustre
Moi j'ai l'art, la manière, d'où les pan vacille
Les ronds vers me mènent vers le pré des chenilles

Petit à petit je m'en vais
Je suis comme Victor Hugo
Tu voulais la couronne d'or que je sauvais
Triste, tu la confonds aux feuilles de sorgho

J'ai l'art soigné de faire chavirer les eaux
Je prends mon bon temps de midi à me plonger
Je souris dans les vers, jusque sentir les maux
Petit à petit j'use ma tête forgée

---

[1]**moelle** [mwal] nom féminin
(vient du latin medulla → médullaire)
I. 1. Substance molle et grasse de l'intérieur des os. Os à moelle, contenant de la moelle. — fig. « La substantifique* moelle » (Rabelais).

[2]**balustre** [balystʀ] nom masculin
(de l'italien, du latin)
1. Petite colonne renflée supportant un appui.
2. Colonnette ornant le dos d'un siège.

10. TU QUOQUE FILI MI ![1]

Quand l'on fait un enfant
L'horizon sent très bon
L'horizon ment par an
Longe sous paragon

Tout débute à genèse
Le raisin qu'on corrompt
Proie de l'exegénose
Bute le vigneron

Fils ! Fils ! Fils ! toi aussi ?
Ce son sonnant ici
Sur le fleuve sanglant
Où l'on veut de l'argent

---

[1]Tu quoque mi fili ou bien Tu quoque fili ou encore Tu quoque fili mi est une célèbre locution latine, que la tradition attribue à Jules César : ce dernier l'aurait adressée, en guise de dernier souffle, à Brutus.

[2]**patagon**, onne [patagɔ̃, ɔn] adjectif et nom
■ De la Patagonie (Argentine, Chili).
■ n. Habitant de la Patagonie. Un Patagon, une Patagonne. Les Patagons.

[3]**vigneron**, onne [viɲʀɔ̃, ɔn] nom et adjectif
■ Personne qui cultive la vigne, fait le vin. Les vignerons de Bourgogne, du Bordelais. viticulteur. — adj. Les traditions vigneronnes.

11._**FIAT VOLUNTAS TUA_**[1]

...
I.Voici les pas
De mes pieds
Dans le repas
Des saints prélats
Très soupiers.
...
Le bon Dieu
Prend les pieux
Et les impies
Dans les cieux
Religieux.
...
Sa volonté
Très enjambée
A succomber
À ma bonté
Qui a flambé.
...
Sa voix frappant
Mes deux oreilles,
La pluie fripant
Mes louis et feuilles,
Rien que je veille.
...
Ma forteresse
Et mon abri
Se plonge en lui
Et je souris
Dans sa finesse.
...
Son aile m'ombre
De sa cohorte,
Gratte ma porte;
Lui qui dorlote
Mon destin, l'ambre.
...
Sa volonté
M'a pénétré
Goutte après goutte,
J'ai écouté ;
Qu'elle soit faite!

---

[1]FIAT VOLUNTAS TUA, signifiant « Que ta volonté soit faite », provient de la prière de Notre Père.

12. JE RÊVE

Les locuteurs affirment que seules les urines
Au couche sont les rêves, qui, de l'origine
Sont vrais. Mes rêves, je les porte au ciel réel;
Je rêve un paradis étoilé au portel ,

Je rêve un filon de l'or propre aux autochtones,[1]
Je rêve le chant d' hosanna au monotone
Mélodie des anges glorifiant le puissant,
Je rêve le torchon qui nous essuie le sang ,

Je rêve un doux soleil, luire dans les orages
Je rêve le temps qui nous repose à la plage,
Je rêve les âmes s'apaiser sous l'ombrage,
Je rêve un retour des desseins pris en otage,

Je rêve la gloire d'Ulysse sur la Troie,
Je rêve une onction dans l'azur qui l'octroie;
Je rêve une nation nageant dans le bonheur,
Je rêve les bêtes nous ambrant des honneurs,

Je rêve l'œil infaillible qui nous parfume
De caméras la nuit, d'où, le mal se consume ;
Je rêve les anges gardiens qui se dressent
Dans nos murs qu'ils enclorant même par les dosses;

Je rêve les grandes montagnes qui se plantent
Partout aux seuils des villes qui nous ensanglantent,
Je rêve et je rêve la paix et tempérance,
Je rêve la modestie, l'amour et l'aisance.

---

[1]**autochtone** [ɔtɔktɔn; otokton] adjectif et nom
(grec, de khthôn « terre »)
■ Qui est issu du sol même où il habite. aborigène, indigène. Peuple autochtone. — n. Les autochtones.

[2]**aisance** [ɛzɑ̃s] nom féminin
(→ aise; d'abord « dépendances » et « commodités »)
I. vieilli Cabinets, lieux d'aisances : cabinets, toilettes. — Fosse d'aisances.
II. 1. Situation de fortune qui assure une vie facile. Vivre dans l'aisance. aisé (1).
2. Facilité naturelle qui ne donne aucune impression d'effort. grâce, naturel. S'exprimer avec aisance.

13. LA NUIT DÉVASTÉE

(***massacre, OÏCHA 23/10/2023)***

Dans les noirs très fumasses
Dévalisés,
Lieu dévasté,
Ombre lysée,
Nuit agitée,
Les fusils sont timbrés.

Le canif sanglant porte à porte
La nuit comporte
Les presses hautes
Le vent emporte
Les cous de têtes
L'oxygène des cieux s'envole

Le feu tournoché, tournoyant
Qu'aucun d'entre nous ne le sache ,
J'entends les tintements sans cloche
Au feu, la commune s'accroche
La cartouche ôte sous la roche
La tempête du flux vaillants.

---

[1]**canif** [kanif] nom masculin
(du francique, cf. anglais knife « couteau »)
■ Petit couteau de poche à lames qui se replient dans le manche.
— loc. Donner un coup de canif dans le contrat (de mariage), être infidèle.

[2]**Oicha** est une ville de la province du Nord-Kivu, située à l'extrême Est de la république démocratique du Congo

14. LES CRIMES

En exaltant les crimes,
La dérision des âmes
Occasionne les brames[1]
La haine les écume

Les musiques des armes
Créent l'esprit qui s'enflamme,
Le monde qui s'alarme
Des yeux des serf en larmes

La violence s'exprime
En vacarme de lave
L'oriflamme se brave
Aux cultures des drames

Une valse des fleurs
Modulant tout en chœurs
Les murmures, la peur

La folie des puissants
Le souvenir du peuple
Dans la marre de sang

Les oiseaux qui se couplent
Pour les braves actions
D'une consternation.

---

brame [bʀam] nom masculin
■ Cri du cerf en rut.

[2]**oriflamme** [ɔʀiflam] nom féminin
(famille de or et de flamme)
■ Drapeau, bannière d'apparat.

15. CHANT À LA SAINTE SYLVIE

Je vois ascendre
Le feu et cendre
De l'âme au ciel;
Ô torrentielle
Nuée dans l'aurore,
Je t'implore.

Sur ton fauteuil
Des Saints Martyrs,
Les astres tirent,
Ce jour, le seuil
D'une des portes
Qui m'emportent;

Moi, j'annonce
Une saison
De l'oraison
A cette nonce
De Canaan,
Surprenant.
–

---

[1]-**Silvia**, ou Sylvia, était la mère de Grégoire le Grand.
Elle est vénérée comme une sainte par l'Église catholique
et l'Église orthodoxe orientale, qui la nomme patronne des femmes enceintes.

16. POUR LES OPPRIMÉS

Quand vos âmes déshumanisées de ce monde
Sont surchauffées par les laves qui vous inondent ;
Vos cartouches longes chantent des faits hostiles;
Vos cerveaux offusqués, s'ouvrent aux inutiles.

Quand vos raisons sont foudroyées et corrompues ;
Le grand lion manipulateur séduit vos cœurs;
Contre le bas peuple, vous vous fondez en chœurs
Pour entonner la guerre non interrompue.

Tourmenté, accablé, torturé sans enseignes;
Le sombre de midi, corps gisant au sol, saigne.
L'hévéa de l'orient déverse et vermeille
Son latex le matin, la journée et au sommeil.

Berger, tes animaux peinent dans cette cage;
Les viandards y construisent des gros traquenards ;[1]
Ils sont très inlassables comme le renard.
Assez, capitale! Cloras-tu ces braquages?

Ton feu les dote des chapelets de prières ;
Armes-toi, désarmes-toi des diplomaties.
Saisis ta badine, tue l'oppression farcis [2]
Des dons d' hommages aux seuils des nos frontières.

---

[1]**traquenard** [traknar] nom masculin
(du gascon, de traca « marche »; famille de traquer)
■ Piège. Être pris dans un traquenard. souricière. — fig. Des questions pleines de traquenards. embûche.

[2]**farcir** [farsir] verbe transitif
(vient du latin farcire → farce)
1. Remplir de farce. Farcir une volaille.
2. abstrait, péj. Remplir, garnir abondamment (de). bourrer. Farcir un texte de citations. truffer.
3. fam. Se farcir (qqch.) : avoir, consommer. — Faire (une corvée). Se farcir tout le travail. — Supporter. Celui-là, il faut se le farcir !

17. À JEAN DE REBO*

Elle s'annonce. La couleur du ciel clair
Tapisse le souci des clercs
Dont la racine émane du Pacifique.
L'azur au palais est aussi scientifique.

Elle s'annonce. Le soleil se lève après l'aurore
Sombrée par les orgueilleux des Comores.
Ton labeur salomonien t'honore.
Tu prêche :"azur, azur" par tes éléments sonores.

Reçois mes gratitudes et honneurs,Jean.
Il existe au ciel,les cœurs qui se rapprochent
Au canal de la combe voire au pageant.
Heureux les doux,le miel approche.

18.*ERRÊKA*

J'ai trouvé dans ma nuit
Le vrai nom de celui
Qui tua mon père et nuit
Ma vie presque innocente
J'ai l'âme perturbante
L' âme très arrogante
Je deviens un rêveur
Ô bon vaillants sauveur!
Tournez à ma faveur
Le rwandais à ma porte
M'offre la tête morte
Son chef-même l'escorte
J'ai trouvé dans mes songes
L' ennemi qui me ronge
Sur papier l'encre fonge
Je reste bouche bée
Car je me sens courbé
Au cap comme un bébé

PÊCHEUR D'HOMMES

Je saute en premier dans ce fleuve,
Je suis un pêcheur tirant les molves
De ses eaux en gaz méthane fauve;
La louve
Qui sauve
Vous couve.

Un ennemi claque
Lorsque
L'endormi se saque,
Le poisson reste en lac
Lorsque
Aucun pêcheur ne paque.

Je viens au sens du bon prophète
Je t'annonce bien que ta fête
S'écarte loin de la tempête,
Ô vrai Bénicien en conquête !
Mais, pourquoi bandes-tu ta tête,
Et tourne tes yeux vers les quêtes ?

---

[1]**prophète**, prophétesse [pʀɔfɛt, pʀɔfetɛs] nom
(du latin, du grec prophêtês, de phanai « dire, montrer » → blasphémer, épiphanie)
1. Personne inspirée par la divinité, qui prédit l'avenir et révèle des vérités cachées. augure, devin, oracle. Les prophètes de la Bible. — Le Prophète, Mahomet, prophète de l'islam. — loc. Faux prophète : imposteur.
2. (sens affaibli) allusion biblique Nul n'est prophète en son pays : il est plus difficile d'être écouté, considéré par ses compatriotes ou ses proches que par les étrangers. — loc. Prophète de malheur, celui qui annonce, prédit des événements fâcheux.

LE MÉMORIAL

I. Dans l'orage grêle, le vent de l' ouragan
Virevolte; la mort, on l'acclame au siège saint!
Fruit céleste gît, sanglant, sonnant le tocsin,
Qui,l'entonnaison; la guerre où les non végans,
Jouent avec les têtes au foot,
Ballons au shoot...-
Debout !debout ! ô congolais !
Choc des Rwandais...-

Neuf ans au venationes, au ban: dix millions
De taureaux de combat pendus aux dents du lion.
La flamme délonge la très miellée abeille,
La très miellée abeille longe en la corbeille
Vide et trouée de tous les sens,
Sans assistance...-
Debout ! debout ! ô congolais !
Choc des Rwandais...-

II. Qui de nous ignore la base des sillons
Qui obstruent l'allé percé de la dextre aux cieux ?
Le mammouth zaïrois fuirait le tourbillon
Soufflé par le rat oriental, presque ambitieux.
Avant Mobutu, le Congo
Tourne au pingo...-
Debout ! debout ! ô congolais !
Choc des Rwandais...-

III. Mamadou, Bahuma au trône de l' armée,
Se dressent en puissance; patriotes bataillent,
Auréolés de la gloire, vaillance aimée.
Embrasé, le même rang ennemi zigouille
Ces grands salvateurs, pour nous, cid;
Un homicide...-
Debout ! debout ! ô congolais !
Choc des Rwandais...-

Onze ans sans indices, trois prêtres catholiques,
Parés de fois équateur à la sainteté
Sombrent; aux puits perdu s'enfoncent les reliques.
Quand le chat graille un rat, l'agneau, il veut goûter.
Tués par les sans-cœurs, à vous, sus !
Le consensus...-
Debout ! debout ! ô congolais !
Choc des Rwandais...-

Quand la marmite sent, elle convie Odin,
Alors, elle rompt l'amitié avec le feu

Et dévient d'un certain prix presque valeureux.
L'eau de la rivière reviendra à son sein.
Je dis : Lazare ! Lève-toi !
Sois fort, courtois...-
Debout ! debout ! Ô congolais !
Choc des Rwandais...-

MAYANZA DIEM

Les pas s'ajoutent
À ce safari de la chaire
Vers le paradis, ils avoûtent.
Ton avenir luit, doux, lachère;
Ta mère est fierte de t'avoir,
Pour son pouvoir.

Je t'ai chanter
Par ma plume avec la sanza:
Fête, oui fête ô Mayanza !
Mon slam au podium a vanté
Ton jour ; j'ai chanté, j'ai slamé
Pour t'acclamer.

Le doux soleil
De l' octobre a forgé ton œil
Lavé par l'amour, le pardon.
Tu mets au hanche le cordon,
Tu te mires d'académie
En proche amie.

Comme aujourd'hui,
Il a plu au ciel de fonder
Sur toi sa pudeur qui produit
Les Pacifiques fécondés
Par le son de ton dictaphone,
Son monotone.

Je chante à toi
Ce chant aussi nouveau de fête,
C'est tout ce que j'ai, don sans quête.
Je chante au ton plus haut au toit
Sous sourdine de la sanza,
Ô Mayanza !

---

[1]**sanza**
nom féminin
Instrument de musique africain fait de lamelles vibrantes.

L'ALLUMEUSE[1] AU COLLÈGE

Le plaisir allume le feu au champ,
Où sautent tous les chants
Sur l'unique gibier à Montreux.
Même bassine ? Oui, entr'eux.

Charmer pour corrompre est aussi
Une ciguë qui le condamne ici.
Marionnette, est l'enseignant d'aile;
Il vole à son souffle, fous d'elle.

Ici, la lunette offre ses verres
À cette fillette; aveugle, ses stylo-billes
Gratifient la pute collégienne et habille
Son cerveau vide du néant, selon les divers;

Là, dans les premières blancheurs
De l'aube; les étoiles se tirent.
Un jour, racontent les satires,
Le soleil et la lune tout bûcheurs

S'éteignirent. Étoiles parasites,
N'a qu'à son sein une luciole.
Une, éclaire mille ? J'hésite.
Ainsi les plantes se cassent des pétioles,

Les maisons s'écroulent à l'ouragan,
L'Okapi succombe à l'arme de Morgan,
Les feuilles sèchent au rayon solaire,
L'ingénieur construit sans salaire.

Semons la paix. Au soir de la vie,
Le ciel se renseigne si
L'homme a respecté le devis
Lui prescrit à sa mission d'ici.

---

[1]**allumeuse** \a.ly.møz\ féminin (pour un homme, on dit : allumeur)
Celle qui était (autrefois) chargée d'allumer quelque chose.
Mais comme la rue était à peu près déserte, l'allumeuse de réverbère avait entendu notre contestation, et se tournant vers moi, elle me dit d'une voix cassée : […]. — (George Sand, Histoire de ma vie, Paris : chez Michel Lévy frères, 1856, vol.4, p. 92)
Il faisait extrêmement chaud mais comme Mack était une allumeuse de feu, un don très convoité et très puissant pour les démons, elle les tua un à un sans le moindre problème.

DIALOGUE POÉTIQUE ENTRE LE POÈTE ET LES SAUMONS .

Je suis un conçu homme
Né pour manger la pomme
Couronnée par l'aumône,
Vin sanglant de brione
Poète que je suis
La balle me poursuit
Je grandis aux circuits
Des grenades la nuit

Un instant quand je flâne
Autant des fois aux lanes
Dans mes sens curieux
Les saumons furieux
Se plantent devant moi
Surpris que je ne crois
Ils bougeant mon cerveau
Me taxant de salaud

- *Saumons* :

Ô molle âme, poète
Bouchée, bouche muette.
Tu coules des secondes
Avec toi dans le monde,
Pour celle qui inonde
Tes dessins des vers rondes,
De ta belle fillette.
Aux puits, sang, tu rejettes.

- *Poète* :

Vos melodies me plongent
Dans mes vers-rêves, songes
Renversant me pensées,
Dame ! Pour les racés.
Je viens contre un Cancer,
Pour mon fief, je ressers.
Je viens brûler les armes,
La plume aux cris d'alarme.

- *Saumons* :
Ô poète d'espoir !
Ta plume donne espoir
Pour ça tu dois nous croire
Elle éclaira le noir
La nuit sera le soir
Du Chicotin au Poire
La vie sera des foires

LES PAS DES AVEUGLES

Vers la gloire éternelle
Se déplace la lune
Noircie lors de ces ruines
Des gros soleils femelles.

Pour cet homme aveuglé,
Sa lumiere de crise
Qui palit, pieds foulés,
Ombre ses pas par ruses.

Tantôt : << je vais arroser ta ville .>>
Au lieu de l'arroser elle prête
Toutes ses stratégies sans requête
Au soleil, qui, lui reprend son style.

La pluie va arroser à sa place
Tout en emportant toute richesse
Déshabillant son costume classe
Derrière lui est la sécheresse .

Toutes ces crises, l'homme
Dit: << je te suis, je viens !
<< Aveugles que nous sommes.
<<Au bon temps je parviens ! >>

VIENNE LA PAIX

Vienne la nuit des hommes, vienne toute paix
Viens briser le long sommeil, toutes les embuches.
Viens nous tracer un monde d'atmosphère frai
Afin que ce doux temps du renouveau accouche

Vienne la paix clôturer nos murs parallèle
Venez ! grande allégresse du charmant succès
Qui nous offre des melodies de paix modèles
Viens retailler nos cupidités en excès

Viens, amour, dévoiler le monde fraternel
Où la probité pacifique surabonde
Et que l'ampleur des cœurs renouvelés inonde

Vienne l'ombre de l'azur mouiller le panel
Pour que les peuples se taillent d'amitiés
Et les nations nagent dans la fraternité

---

surabonder [syʀabɔ̃de] verbe intransitif
■ littér. Exister en quantité plus grande qu'il n'est nécessaire. abonder.

J'AI UNE PEAU BRÛLÉE

Je monte au canapé
Avec mille sandals
Il dit: c'est du scandal,
Lis le code penal !
Pour ça on m'a sapé

J'ai une peau brûlée
Brisée par les tourments
L'ombre vague foulée,
Chassée au jubilé
De nonce des amants

Mes belles mosaïques
Sont jetée dans le fleuve
Mes series héroïques
Semblent presque ironiques
Demain j'aurai vie-sauve !

Plus qu'un veilleur ne voit
L'ombre fuir le convoi
De l'aurore, j'oppose
Le sang et vie morose
Aux grandes fêtes roses

Je testai l'agora
Par mes sonnets de paix
Elle veux les vers ras
Les vers que l'on coupais
De l'amour au marra

J'ai une peau brûlée
Et mêlée dans le sang
Et le sang est mêlée
Dans les flux amisant
J'aurai peine épaulée !

---

[1]**convoi** [kɔ̃vwa] nom masculin
(de convoyer)
1. Ensemble de voitures militaires, de navires faisant route sous la protection d'une escorte.
2. Groupe de véhicules qui font route ensemble. Des convois de nomades. caravane.
3. Train. Ajouter une rame au convoi.
4. Groupe important de personnes qu'on achemine vers une destination. Des convois de prisonniers.
5. Cortège funèbre.

LE SANG INNOCENT COULE JUSQU'À L'EMBOUCHURE

Si parfois le ciel ouvrirait sa longe face
Aux jets d'air pigmenté par l'oncle de son doigt
Et poser sa main pour que les affres s'effacent
Le tocsin dirait : cessez le feu ! Tu le doit !

Le sang nous ouvre sa puissance et son ampleur
Par la louange et la gloire de l'ennemi
La balle a ma porte, le sang d'or me fait peur
Le sang coule doucement, sangs de mes amis

Versé dans la combe, plier sous les ombrages
Que le soleil et lune n'ont pas éclairés
Le sang me fait un cœur mince, je suis serré

Il coule comme l'eau qui déborde la plage
Il coule silencieusement sans les bordures
Le sang innocent coule jusqu'à l'embouchure

À BERNARDIN MWEPA*

Bernardin, la plume !
La raison de l'existence des vers,
Toi qui veux saluer des écrits divers
Je te soumets à la pensé sublime
Qui n'est pas pervers

Le labeur est paix
Est cette paix qui aurait disparu
De notre ville quand l'effort loupais
Attendant que tes vers soient apparus,
Les vers qu'on cropais

Dans son paradis
Elle veut saisir ta mélodieuse
Voix rythmée par les rimes modeleuses
Lasse-moi te chuchoter sa fameuse
Fin : pas des radis !

C'est un passe temps !
Un passe temps de vouloir s'accroupir
Sur les vers d'amour, qui, bien qu'envoutant
Renversent tous nos efforts aux soupirs,
Sommeil du printemps

DIS-MOI

Dis- moi combien de fois les bels hommes périssent
Innocemment dans leurs champs riches, enviés
Dis-moi pourquoi la bombe et balle nous cherissent
Et au pied de nos visages sont conviés

Dis- moi comment l'homme peut être si hostile
Pour qu'il écrase par ses pieds la tête amie
Dis-moi quel diable pouvait vous changer le style
Et pouvait vous habiller un cœur et demi

Dis-moi, dis-moi afin que mes veines le sachent
Qu'elles puissent transpirer un peu la raison
Dis-moi pour régler l'affaire par oraison [1]

Dis-moi quel nombre des soldats biens ont des tonches
Dis-moi, Dis-moi, Dis-moi ! Le peuple veut l'aisance
Le peuple veut voir le soleil briser les fences

---

[1]**oraison** [ɔʀɛzɔ] nom féminin
(latin oratio, de orare « prier » → oracle, orateur; adorer)
1. vieux ou relig. Prière.
2. Oraison funèbre : discours religieux prononcé à l'occasion des obsèques d'un personnage illustre (panégyrique).

AMÈNE-MOI*

Amène-moi, pas jusque là où tu veux
Mais là où sont restés les divins aveux
Là où le monde a des paroles plus justes
Qui n'ont jamais corrompu le grand pafiste
Là où des lettres décrivent les émois
Où la peine s'est briser, amène-moi !

Amène-moi vers la grande cathédrale
Où cacher mes prières contre feu nodal[1]
Des étrangers qui nous visitent la nuit
Qui mettent des têtes au feu sous la pluie
Et qui nous font vomir tous les jours le sang
Par le ravageant vent-torrent qui décent

Amène-moi au rond-point de décollage
Pour une ville plus douce en feuille à l'aise
De lieu où le climent est comme à la plage
Dans la ruelle du paradis, pas la raise
Je veux sauter dans le fleuve où la paix nage
Dans le lieu où les pauvres femmes se plaisent

Amène-moi dans une joie éternelle
Je veux revenir dans mon toit paternel
Où je dormais sans caler ma porte en bois
Où l'on n'entendait ni les cris, ni abois
Nous crions tous les jours: le feu nous échoit !
Je veux respirer la vie plus fraternelle

---

[1]**nodal**, ale, aux [nɔdal, o] adjectif
(d'abord jointure nodale « qui forme un nœud »; du latin nodus « nœud »)
■ Qui constitue le point essentiel (d'un sujet, etc.).

JE N'AI RIEN QUI VAILLE !*

Je n'ai rien qui vaille, rien ne va sur ma terre
Saisissant le souffle, l'oxygène est coûteux
La vie tombe puis retombe vers son latere
Les souffles des armes me peignent les cheveux

Je n'ai rien qui vaille, rien ne va où je dors
Les jours et les nuits se sont renversés les temps
Rien ne va dans ma plume, mes vers sanglotant
Je soupire la vie, je respire la mort

Quand l'aurore noire brille je m'extasie
La peine s'envole un instant dans les abîmes
Deux secondes plus tard l'on change des régimes

Je n'ai rien qui vaille, la guerre me saisie
Rien ne va, vé ! Rien ne va au sang de ma ville
L'essence du président se mêle aux civils

___

LA BANQUE DU PAUVRE*

Au Congo les pauvres dépassent la limite
La guerre de cent ans, mon bon pays l' imite
Dans les rues, le pauvre se met à quémander
Cinquante plus cinquante , il voulant mander

La banque du pauvre vivant la servitude
Le Crédit congolais fut sauvé par l'État
La multitude a payé ses turpitudes
Son ingratitude ne l'embarrasse pas !

Car l'éthique des banques est à sens unique
Et pour les malheureux, les pauvres diables
Ils ne pratiquent pas la charité publique
Et ne leur tendent pas une main secourable

Papa divorcé aimé par ses deux fillettes
Venant visiter l'esseulé, cette enfance
Il la gâtait pourtant en dépit de ses dettes
Mais ne s'accordait plus qu'une maigre pitance

Le voyant s'amaigrir, quasiment famélique
Ses voisins s'inquiétèrent de sa disette
Une chaîne solidaire philanthropique
Le secourut, chacun apportant ses emplettes

Il est là, assis sur le sable que voilà
Ses chums , petits diables lui font des tralalas
Le voilà escalader les sommets de mort
Sous la vapeur à son ventre vribrant très fort

Il est là, empommé par l'affreuse famine
Ses frères, dans leurs verres riches lui ruminent
Le voilà nuiter l'enfer , les larmes dominent
Sous soleil et torrentielle pluie qui lui minent

Il est là, lamé par la malaria en fièvre
Ses collègues, ruinés ne lui font que des chanvres
Le voilà transpirer une mort d'adieu
Sous ce nouvel ordre du patron sans yeux

Pensez-vous à ce pauvre déplacé de guerre
Qui couvre son corps par la chaleur de sa main ?
Savez-vous qu'il flâne du jour au lendemain ?
Songez-vous qu'il ne vit se baignant dans un verre?

Lorsque ce déplacé ramasse sous vos tables
Une gouttelette d'eau et petites miettes
La face du seigneur se détourne du peuple

Sa colère offre à vos petit-fils des disettes

Il est aussi comme nous, il est aussi homme
Digne conçu de fame, digne que nous sommes
Offrons lui sa dignité dans l'humanité
Puisons cette humidité dans l'humilité

Vitrons nos regards qui traversent son calvaire
Ses larmes déversant du sang rouge au calcaire !
Essayons de couvrir cette pauvre tremblante
De donner sourire à ses lèvres moliantes

Quand vous nettoyez vos tables lors du soupé
Par la tasse en verre du lait des belettes
Songez à l'univers de la pauvre fillette
Il faut des fois l'octroyer de vos pains-coupé

Car sans vous rien ne pût, vos dons sont très fiables
Le riche du Lilliput est plus secourable
Par contre, vos mains s'enveniment du diable
Unissons tous les pauvres, soyons sociables !

---

[1]**pitance** [pitɑ̃s] nom féminin
(famille de pitié « don de nourriture »)
■ péj. Nourriture. Une maigre pitance. — Nourriture (d'un animal).

[2]**envenimer** [ɑ̃v(ə)nime] verbe transitif
(de venin)
1. Infecter (une blessure), rendre plus difficile à guérir. enflammer, infecter, irriter. — pronom. La blessure s'est envenimée.
2. Rendre plus virulent, plus pénible. Envenimer un conflit. aggraver, attiser, aviver. — pronom. La querelle s'est envenimée.

TOUT EST STATIQUE, TOUT DEMEURE* !

Qui dira-t-il : tout coule ?
Combien de fois on parle
Des faux jeu entre peuple
Des combat très intense
Des danses sans cadences ?
La guerre est dans l'offense

Aujourd'hui on écume
La nation s'est levée
Contre autre soulevée
La fureur les animent
Un serpent s'est lové
Dans le fond de leurs âmes

Des Ukrainiens aux Russes
Du Rwanda au Congo
Du Pape à la Cenco
Tout est jetté aux mousses
C'est froid comme au pingo
Ils ne sont que dingos

Le Congo veut la paix
Les Rwanda se croit gai
Se croit de bonne ethique
Aussi que les antiques
Tout est vraiment statique
Ces idées sont épiques !

*________________

éthique [etik] nom féminin et adjectif
(latin ethica, emprunt au grec êthikon, de êthikos « moral », de êthos → éthologie)
I. n. f. .1. Science de la morale.
■ Ouvrage de morale. L'« Éthique » de Spinoza.
2. Ensemble des conceptions morales de qqn, d'un milieu. morale. « L'éthique, c'est l'esthétique du dedans » (Reverdy). Éthique médicale. bioéthique.
II. adj. (latin ethicus)
1. Qui concerne la morale. Des jugements éthiques. moral.
2. Qui intègre des critères moraux dans son fonctionnement. Le commerce éthique.

LE PETIT BONHOMME BLEU*

Ce petit bonhomme bleu
Les remporte et vous emporte,
Qui, avent qu'il dors un peu,
Gratte des vers sur sa porte.

Il dessine des vers bleus
Dans les âmes dépravées.
Ses vers éteignent le feu;
Il conçoit le bleu vévé.

Mes idées font pousser
Les étoiles, mousser
Des strophes sur la lune
Rayonnant dans la brune.

Je fais parler les muets
Qui chantent la paix en langue
Donnant sourire aux pouets,
Et leur offrant des nuits longues.

La paix, rien que cette paix
Chantée détruit mes langueurs,
Par mes mots je suis vainqueur;
Mes vers sautent les dadais.

Mes rythmes font sourire;
Mes vers gueux font pleurer,
Font cesser tous les rires,
Font voir l'arme mirée.

DÉSACCORD*

Tu vas plus vite que tout ce qu'on s'était dit
Tu as tort, tu as déçu toute humanité
Tu vas beaucoup plus vite, je te le redis !
Martyr ! Le peuple est encore décapité

On s'était mis en commun accord qu'on bataille
Pour ressaisir complètement notre diamant
Réclamer contre l'ennemi notre mortaille
Tu me laisses ce si grave combat flammant

Tu ne donnes plus envie de réanimer
Tu es parti, je ferai le plus grand effort
Tu es parti, tu déçois , rien ne reste encore

La seule chose que tu nous a parfumer
Est cette arme plus forte que des longues lances :
Tenter de resoigner tout ce qui nous élance

*______________________________

[1]**martyr**, yre [maRtiR] nom
(du latin chrét., du grec martus, marturos « témoin », « mémoire »)
1. Personne qui a souffert, a été mise à mort pour avoir refusé d'abjurer sa foi, sa religion. Vierge et martyre (christianisme). — loc. Prendre, se donner des airs de martyr, jouer les martyrs.
2. Personne qui meurt, souffre pour une cause. Être le martyr d'un idéal, de la liberté.
3. Personne que les autres maltraitent, martyrisent. souffre-douleur. — appos. Enfant martyr, maltraité par ses parents.

____

JE TE PROMETS*

Je te promets la douce histoire chuchotée
À tes deux oreilles, la belle histoire à l'aise
Je te promets la joie qui marche à tes côtés
Je te promets la fortune, celle qui pèse

Je te promets le thé à la place des armes
Je te promets la clé des secrets de la paix
Je te promets la vie qui t'essuiera les larmes
Je te promets le miel et lait que tu lapais

Je te promets les bleus pour que tu les embrassent
Aux temps insouciant où tu danse par ta hanche
Je te promets la paix et des minutes blanches

Je te promets les mains pour porter tes angoisses
Je te promets l'amour, il faut que tu endures
Je te promets le paradis, la place sure

LA DÉGAINE D'UNE AUTRE ÉPOQUE*

Je ne comprends pas cette dernière dégaine,[1]
Au lieu de mettre les mains sur la même pâte
On se fait la peine de frayer la paix fatte
Pour la raser complètement, on se fait peine

Au lieu que nos jeunes intégrent notre peine
Ils veulent se baigner dans des guerres très plate
Sans aucune bonne stratégie qui les gatte
Ils s'offrent à la balle et à la peine vaine

Pour que l'univers mondialise l'idéal
Que le congo ne tourne plus vers boréal
J'aimerais qu'ils puissent embrasser notre armée

L'armée sera plus forte, plus forte que l'arme
Elle chantera la victoire et va charmée
Sa puissance ombrera l'humanité de charme.

____

1dégaine [degɛn] nom féminin
(de dégainer)
■ fam. Tournure ridicule, bizarre. allure. Drôle de dégaine !

boréal, ale, aux [bɔʀeal, o] adjectif
(du bas latin, du grec Boreas « Borée », dieu du vent du Nord → bourrasque)
■ Qui est au nord du globe terrestre (s'oppose à austral). Hémisphère boréal.
■ Voisin du pôle Nord. arctique; hyperboréen. Aurore* boréale.

LA FEMINA

La femme
Est celle,qui,
Fait un maquis
Contre toute lame
Contre un aquis
Qui fut conquis
Au drame
Paix !
La paix
Est sa bataille
Le viol elle se taille
Aux carrières de trait
De l'or, coltan de taille
Dans une pailles
La paix !

Elles
Veulent
Être
Folles
Êtres
Pour
Faire
Taire
Four

Four : échec contre un succès

___

LA DÉGAINE D'UNE AUTRE ÉPOQUE*

Je ne comprends pas cette dernière dégaine,
Au lieu de mettre les mains sur la même pâte
On se fait la peine de frayer la paix fatte
Pour la raser complètement, on se fait peine

Au lieu que nos jeunes intégrent notre peine
Ils veulent se baigner dans des guerres très plates
Sans aucune bonne stratégie qui les gatte
Ils s'offrent à la balle et à la peine vaine

Pour que l'univers mondialise l'idéal
Que le congo ne tourne plus vers boréal
J'aimerais qu'ils puissent embrasser notre armée

L'armée sera plus forte, plus forte que l'arme
Elle chantera la victoire et va charmée
Sa puissance ombrera l'humanité de charme

LE SANG, C'EST VRAIMENT CE QU'IL VEUT VOIR*

Maladroit, chez-moi dans ma parcelle;
Il doit droit, l'émoi tombe du ciel,
Toutefois, notre roi est trop cruel;
La loi est dix fois au sang annuel.

Ça va de voyager qu'épauler !
Lorsque le robinet sanglant s'ouvre,
Pour lui il font vraiment décoller;
Du rouge au rouge, sans une preuve .

Le sang, c'est vraiment ce qu'il veut voir,
Il veut que le sang coulent les soirs.
La trémeur est tout ce qu'on ressens,
C'est vraiment ce qu'il veut voir, le sang !

Rester à la droite de la femme
Vaut que le volume de la balle.
Rien d' offensifs avent qu'ils s'installent,
L'ennemi aére avec ses dames.

Comme à Bunagana, des années
Aux années à Beni, ville-feu,
L'on est adverbe, tout est miné.
Ô pays en gouffre, pays creux !

JE LUI DIRAI*

Je lui dirai que les larmes
Ne se moquent pas de la piété
À la prière des carmes.

Je lui dirai : <<la fierté
<<Consolatrice de nos esprits
<<Sont les ailes du Saint-Esprit.>>

Je lui dirai que cette ombre
Douce et apaisée est celle émis,
voyant l'homme qui gémit.

Je lui dirai que ce sombre
Pays va reblanchir d'ici peu,
Le serpent mordra sa queue.

Je lui dirai que l'image
Du ciel et terre invisible est vit,
Respirée à des métrages.

Cette guerre qui sévit
Dans notre populaire cité,
Je lui dirai : à coté !

---

[1]**piété** [pjete] nom féminin
(latin, de pius → pie, pieux)
1. Attachement fervent aux devoirs et aux pratiques de la religion.   dévotion, ferveur; pie, pieux.
2. littér. Attachement fait de tendresse et de respect.   affection, amour. Piété filiale.

DESTIN PERDU*

Il risque de dévier la route
Chutant dans la valley-destin :
Cinq routes à la fois, les toutes.
Pas modestes ? Alors tintin !

À travers les pas incertains,
Le corps sombre, d'obscurité
Est bien guidés, feuilles sautées,
Cherchant un sens à son destin.

Les plus lourdes femmes vacillent.
Après les bottes en pas forts,
Elles remplacent toutes filles
Et trouvent ainsi réconfort.

Ils sont dans l'armée loyaliste,
Ceux dont le destin est perdu.
Le vol et viol les ont mordu,
Et certains ne sont plus sur liste.

Je pense qu'il sont égarés !
Égarés de leur vrai destin.
Ce n'était pas comme Augustin
L'impie , qui eu la sainteté.

Quand l'enfant devient malhonnête,
L'on dit souvent :<< vas dans l'armée ! >>
Voilà pourquoi rien ne s'arrête!
Car le fou ne peut rien calmé .

---

[1]malhonnêteté [malɔnɛtte] nom féminin
■ Caractère d'une personne malhonnête. — Malhonnêteté intellectuelle : emploi d'arguments déloyaux; mauvaise foi.

RIEN NE VA !

Dans cette ville où le carnage
Fait rage, tout est en orage
Aucun homme ne cède sa place
Quelle face, quand certes aucune chance.
Rien ne va dans mon cœur
Je pense à mon malheur
Quand crépitent des balles
Quand on fuit dans des salles.
Tiens, rien ne va encore !
Pour cette âme fors du corps
Qui rend l'homme incomplet
S'échappant sans délai.
Rien ne va toujours, vois
L'humanité sans choix
Qui subit son calvaire
Rien ne peut plus lui plaire.
Rien ne va, rien ne va
Dans ce si riche état
La vie est tout amère
Du peuple assis par terre.

---

[1]carnage [kaʀnaʒ] nom masculin
(forme picarde de charnage, de l'ancien français char « chair »)
■ Action de tuer un grand nombre (d'animaux, d'hommes). boucherie, massacre, tuerie.

[2]**orage** [ɔʀaʒ] nom masculin
(de l'ancien français ore « vent », qui vient du latin aura « souffle, brise » → aura)
1. Perturbation atmosphérique violente, caractérisée par des phénomènes électriques (éclairs, tonnerre), souvent accompagnée de pluie, de vent. tempête. L'orage menace, éclate, gronde. Une pluie d'orage.
■ Orage magnétique : perturbation magnétique qui coïncide avec les éruptions solaires.
2. fig. Trouble qui éclate ou menace d'éclater. — loc. fam. Il y a de l'orage dans l'air. électricité.

Printed by Books on Demand GmbH, Norderstedt / Germany